TAJIMI CITY
Booklet No. 4

構造改革時代の手続的公正と第２次分権改革

～手続的公正の心理学から～

鈴木　庸夫
千葉大学教授

公人の友社

目次

はじめに

私の見るところでは、行政手続法や行政手続条例、情報公開法、情報公開条例などは行政のアカウンタビリティということで括られると思います。それではアカウンタビリティの根本にある考え方や思想はどのようなものか。それを突き詰めて考える必要がある。

というのは、現在進行中の構造改革というものは、ある意味では明治維新よりももっと深刻な影響をわれわれに与えつつあると考えるからです。歴史的に見ると、われわれの生活を根本から変えるものは技術の発展でした。ラジオからテレビそしてパソコン、携帯電話などは生活の基本から私たちの意識を変えてしまいます。これに対して、思想や政治的な制度、法的な制度は、そう簡単に生活を変えたりしないし、意識改革にも時間がかかります。しかし、今行われている構造改革は、抵抗勢力という言葉にみられるように、変革が善であり、それを阻止することは悪であるという、これまでにない思想の強烈なプレッシャーを伴っています。私はこうした構造改革の運動の背後にある思想や社会的な基盤はどのようなものであるか知りたいと思いました。法やルールは統治の技術であり、ツールであるというのが、法律学の共通理解ですが、私は行政手続法や情報公開法を支える思想というものを知りたいと思って研究をしてまいりました。そういう意味では、法やルールは単なる社会をコントロールする道具ではなく、その社会のあり方や社会や自治体などの集団的アイデンティティと深く関わっていると思うのです。本日はそうした観点から、あまり法律学的ではないかもしれませんが、行政手続法や条例の基盤となっている思想、そして、さらにそれらを支えている宗教的基盤について言及したいと思います。

それから、こうした文化的な側面に触れた後、本日のサブタイトルとなっている「手続的公正の心理学」からルールのあり方を考えてみたいと思います。またこれに関連して、手続的公正に対する「報復的公正」についても触れてみたいと思います。

報復的公正論は、じつは今日の講演のタイトルからは少し違和感をもたれる方もいらっしゃるかもしれませんが、あとで述べますように、これも手続というものと密接に関連しています。最近の条例の動きを見ていると、手続条例に加えて「秩序」を志向するような条例が出始めているので、こうした観点から、報復的公正についても触れることにしました。

また、こうした話をさらに発展させて、第二次分権改革について、やや牽強付会とお感じになるかもしれませんが、手続的公正の理論から論じてみたいと思います。これには分権改革推進会議の動向と地方制度調査会の「西尾私案」が入ります。国庫負担金をめぐる分権改革会議の議論は皆さん周知のことでしょうが、その論点を確認したうえで、「公正」という観点から若干の論点を提示してみたいと思います。西尾私案については、焦点は「市民自治」をどのように構想するか、という実体的な問題ですが、これも報復的公正の考え方＝集団的アイデンティティ、「手続的公正」の主体と「場」ということと関連してくるかと思いますので、少し詳しく触れてみたいと思います。

最近の話題を、ただ、てんこ盛りにしたような、一貫性のない話になりますが、お聞きいただいた職員の皆さんやこの本を手にしていただいた読者の皆さんが、私の話から何かひとつでも、関心を持ってくれたらいいと思います。ブックレットとしては、はなはだできの悪いままの出版となりますが、講演のタイミングやトピックス、出版の時期などからやむなく未整理のまま世に出すことになりました。ご海容がいただければ幸いです。

1　構造改革の思想とルールのあり方

（1）一九八九年の日米構造問題協議文書

構造改革とはいったい、どこから、どういう形で始まったのだろうかということを振り返ってみますと、実は、構造改革という言葉が定着したのは、一九八九年の日米構造協議からです。

この一九八九年というのは歴史的に見ましても大変重要な年です。ベルリンの壁が崩壊をしたのも一九八九年です。この年を境にしまして時代はガラッと非常に大きく変わっていくわけです。世界の歴史が変わっていく。そういう端境期にわが国とアメリカが日米構造協議というものを続け、ここで最終文書が調印されるという時期を迎えていたわけです。

日米構造協議の「構造」というのは一体何を意味しているかということですが、実は社会のあり方・仕組み、日本人の行動様式、つまり、我々の社会的な行動の仕方、あるいは団体のあり方、行政のあり方といった、いわば社会の実体、社会の仕組みそのもののあり方を実は見直していたわけです。

もともとの日米構造協議は、貿易でアメリカが日本との関係では赤字なのに日本はいつも黒字だといった日米貿易摩擦から出発していくわけです。これは自動車から始まっていますが、アメリカに言わせると、日本は非常に閉鎖的な社会だというわけです。アメリカに行って自動車などたくさんのものを売っているのに、いざ「日本の市場を開放せよ。」というと、「いや、日本にはいろんな慣行がある。行政指導もある。業界団体もある。」という非常に閉じられた社会として映るわけです。

これに対して、アメリカは「日本はこれからグローバル化時代を迎えて、社会全体をもっと開放すべきだ。」と開国を迫るわけです。ちょうど明治維新のときにアメリカのペリーがやってきたようにです。だから一九八九年というのは「第二の黒船」がきた時期といっていいぐらいです。いやペリーの黒船以上に我々の生活、社会のあり方そのものを変えよと要求してきたのではないでしょうか。当時の新聞は「古典的な意味での内政干渉に当たる。」と言っておりました。じつは古典的な意味どころではない、本当の意味の内政干渉であったわけです。

規制緩和は今でも続いております。とにかく許認可制度を敷くことは原則まかりならんと、今でも規制改革会議のほうはドンドン規制を撤廃していくわけです。

こういう考え方は、もともと日米構造協議の文書に皆織り込まれているのです。従いまして現在の我々の社会がなんとなく変わりつつあると思ったときには、この日米構造協議の最終文書を見てください。いろいろなことがそこに書いてあります。「日本の社会はこういうふうに閉鎖的で、談合とかいうふうな行動様式をとっている。」そういうことが綿々と書いてあるわけです。

この日米構造協議の最終文書に調印したときに、日本の社会は変わらなければならないことを突き付けられ、変わることを決意したと言えます。しかもこの突き付けられ方は非常に厳しいものでして、もし日本の社会が変わらなければアメリカがスーパー三〇一号を発動して日本製品の輸入は制限される。場合によっては、絶対受け入れないという制裁措置まで出して、日本社会のあり方を変えていくという非常にきつい要求を飲まされたわけです。

私は、人間関係を重視して、談合するのは決して悪いことだけではない。質のいいものを作ろうとすれば、信頼できる人を選んで、仕事をさせた方がよい場合もあると考えます。例えば水道事業や下水道事業のやり方がそうです。にも拘らずアメリカは「そういうことはまかりならん。」

と言うわけです。

なぜ、それほど自由な市場参入にこだわるのか。これはアメリカ人になってみないと理解できないところがあるだろうと思います。

（2）指弾された集団主義

一九八九年に日米構造問題の協議文書ができまして、そこで問題となったのは、例えば床屋さんの組合があって、一律、第三月曜日が休みとか、価格を全部統一していくという、集団主義的な日本の社会のあり方であったわけです。最近、しばしば新聞等にも取り上げられる護送船団行政というものですね。その中に入っていれば皆で守り合って、自分の権益を守る。皆が倒れることはないんです。だからお互いに談合して「今度はお前の番、この次はお前の番だ。」という形でやってきたんですね。こういうものを行政が支え、行政も指導するという仕組みがずっと戦後出来上がっていたわけです。

ところがそれが、みな壊されています。そういう「業界」であるとか「系列」とかで行政指導が非常に旨く機能していたわけですが、そういう基盤も徐々に失われてきているわけです。

ちょうどこの頃、東京大学の経済学者の野口悠紀雄さん、この人はむしろ『超整理法』などで有名ですが、この野口先生が『一九四〇年代論』（一九九五年・東洋経済新報社）という本をお書きになりました。野口先生は規制緩和論者で竹中平蔵氏とも考え方の非常に近い人です。こういう公共経済学の立場からすると、日本は一九四五年に敗戦によって政治体制が変わったけれども、社会の仕組み自体は全然変わっていない。一九四〇年代というのは国家総動員体制が成立していた時期です。

政治の表向きは戦後改革によって変わった。選挙権は女性にも与えられるようになりましたし、我々はデモクラシーというものを標榜して政治家を選ぶということになっていくわけですが、社会の実態というものを見ると、極論すれば国家総動員体制そのまま、ずっと来ていたんだということを『一九四〇年代論』で言っているわけです。

野口先生に言わせればバブル経済崩壊の時まで、日本では国家総動員体制がそのまま引きずられて来たんだということです。

（3）「人間を幸せにしない日本というシステム」

今一つ、『人間を幸福にしない日本というシステム』（一九九五年・毎日新聞社）という本があります。この本はオランダ人ジャーナリストのカレル・ウォルフレンという方がお書きになった本です。この方は前にベストセラーになりました『日本／権力構造の謎』（上・下、一九九四年・早川書房）という本も書いています。これは文庫本になっています。

外国の方だけあって、非常に辛辣な批判をするわけです。例えば日本の社会では天皇制が大きなタブーになっているのではないか。イギリスなんかに比べるとこのタブーは大変厳しい。それから、差別などについても出版社は本を出してくれなくなる場合があるという批判をしている。日本の社会というのは極めてタブーの多い社会だということを指摘しています。

いずれにしましても、この本で言いたかったことは、こういうタブーが多いということだけではなくて、日本の社会を牛耳っているのは集権的システムとジャーナリズムであるということをずばり言ってのけているわけなんです。結局、そうしたアドミニストレーターたちが日本の社会を形作っている。政治家が駄目だとかいろんなことを言うけれども、結局、ジャーナリズムと集権システムが日本の社会を駄目にしているのである、ということをこの本の中でずっと述べているわけです。こういう不幸なシステムは、市民が立ち上がって、打破しなければならない、というのがこの本の主張であります。

このウォルフレンは、日本の社会に、アカウンタビリティという言葉を定着させた立て役者です。今では説明責任と言われると、なんとなく皆、行政は腰が引けてくるわけですが、アカウンタビリティは、必ずしも説明責任という意味をもっているだけではありません。もっといろんな意味合いがありますが、翻訳の中で説明責任という言葉が使われて、情報公開法でまた「説明をする責務」があるという言葉が使われているものですから、アカウンタビリティという言葉が「説明責任」という言葉で定着してしまいました。この火付け役がウォルフレンといってもよいと思います。

日本の権力構造の中に市民・国民に対してのアカウンタビリティがないということを盛んに強調した結果、わが国の社会の中でも定着していったのです。

そういう意味で、良いか悪いかの評価はいろいろ有り得るところでしょうが、ウォルフレンもまた現在の日本の社会に非常に大きな影響を与えたジャーナリストであろうというふうに思います。

こういう視点から、日米構造協議を境にして、いわゆる日本バッシングというものが出てくるわけですが、実は一九七〇年代というのはちょうど逆の現象があったわけでして、ジャパン・アズ・ア・ナンバーワンだったんです。そういう本がアメリカで出版されて、論文もたくさん書かれた。日本は非常にうまく経済成長を成し遂げて、日本の国民はとても幸せだと。経済的な豊かさに恵まれ、人間関係も豊かさに恵まれている。そういうものを学ぶべきだということで、世界中から日本に学びにきた留学生もたくさんいたわけですが、九〇年代に入りますと途端にそれがひっくり返りまして、ジャパン・アズ・ア・ワーストとなって最悪の日本ということになってしまって、現在まで日本は立ち上がれないでいるというのが実態ではないかなという気がします。

2　アメリカ文化の基底にあるピューリタニズム

(1) 神を信ずる「自由」と「奴隷的」状態

こういう流れの中で先ほど来、話をしているアメリカ人の発想というものが非常に色濃く出ております。最近のアメリカのブッシュ政権の動きを見てみますと、アメリカ人のファンダメンタリストの考え方というものが非常に前面に出ているということで理解しやすいように思います。皆さんはなかなか信じられないことだろうと思いますが、ＮＨＫの「人間大学」の教科書に、アメリカ学者の本間先生がこういうことを書いています。

「今日のアメリカ人は一〇人のうち九人までが神の存在を信じているようです。そして一〇人のうち八人が、聖書でいう最後の審判の日に神の前に呼び出されて自分の罪を問われていると信じています。また一〇人のうち八人が神の奇跡を信じていますし、一〇人のうち七人が死後の魂は残るということを信じている。」（一九九三年・NHK人間大学『現代アメリカの素顔』五四頁）

これはアメリカ人と日本人との大きな相違点です。そのことをしっかり認識すべきだろうと僕は思います。日本人の大部分は、どうも、「アメリカ人は神様の存在を本当に信じているんだろうか。我々と同じように無神論に近いんじゃないんだろうか。」と思っていると思います。そうではないのです。本間先生によれば一〇人のうち九人、ほとんどの人が神様の存在を信じているのです。しかも、ピューリタニズムですね。非常に純粋に神の存在を信じているわけです。

こういうところから本性が少し見えますが、この前アフガンをやりましたが、今イラクをやっている。ブッシュを初めとしてアメリカ人の大多数は、これを十字軍という発想を持っているということですね。そうすると、神を信じるということは逆に悪魔もいる。神か悪魔か。どっちかなんですよね。今イラクは悪魔なんです。だからブッシュは悪魔を滅ぼさなければいけないんです。こういうことは日本人にはあまり理解できないわけです。アメリカ人にしてみれば一〇人のうち九人までが聖書に依拠して教会に行っている。もちろん同じクリスチャンでも穏健な考え方の人もいます。しかしこの世の中には、この世界の中には悪魔がいるんだ。悪魔は滅ぼさなければばならない。ベースにおいてはアメリカ人はそう考えているわけです。そうでなければ今イラクまで行ってわざわざやるかと思います。ヨーロッパのキリスト教はもう少し緩やかですが、アメリカ人のはもう徹底しているんです。神の方に進むか悪魔の方につくのかという二元論で、間がないのです。

ヨーロッパには「間」がある。そうすると、こういうアメリカ人の非常に強いピューリタンの考え方、聖書主義の中でも最も過激な考え方は、まさにキリスト原理主義者というわけです。

私はもう二〇年ぐらい前になりますが、アメリカの南部のアラバマというところに行ったことがありますが、この辺は「バイブル・ベルト地帯」と言われている所です。ファンダメンタリストがものすごく多いんです。日常的な会話のなかにバイブルの話が出てくるんです。アラバマのある学校では、進化論を小学校で教えてはいけないということが問題にすらなりました。人間はアダムとイブから始まったのだからアダムとイブで教えなさいと、これで裁判にまでなっております。そういう所がいっぱいあるわけです。ですからアメリカというものをこういうピューリタニズムを前提にして理解しなければいけない。ただ映画俳優とか、あるいはブッシュのニュースばかりを見ていたのではアメリカ人の発想を理解したことにはならないということです。

こういったアメリカ人の基本的な考え方によりますと、人間存在というのは、キリストについて神の下で自由になるか、それとも悪魔について奴隷になるかしかない。まさに人間は悔い改めて神の側につくこともできるし、悔い改めないで悪魔につくこともできる。神の側について自由になるか、それとも隷従して奴隷になるか、二つに一つの選択を迫られるわけです。こういう考え方は曖昧さを許さない。

こういう観点から見ますと、日本人は非常に曖昧ですから、例えば、日本人だったら同時多発テロがあっても、アフガンやイラクにあそこまでやるかという気がします。日本人も日本政府も絶対にやらないし、そういう発想をしないだろうと思います。

今のアメリカ人のファンダメンタリストの考え方からすれば、悪魔は滅ぼさなければいけないのですから、ブッシュは「悪の枢軸国」なんて言っているわけです。「悪の枢軸国」は叩き潰さなければいけないわけです。そういう、いわば善か悪かの発想から、どっちを選ぶのか、日本は迫られているのだろうと思うのです。

(2) ルール社会とルールなき社会

小泉首相はイージス艦を派遣するのかしないのか。俺たちにつくのかつかないのかという形で迫られて、結局、非常に曖昧な形でアメリカ側についた。しかし、アメリカの発想というのは、こういうふうに非常に厳格な善と悪の二元論です。アメリカ人はそういう形で社会のあり方を、政府のあり方を考えていくわけです。

こういう考え方からすると、行政とか政府が一定の決定をするということは、基本的に個人の自由な同意があって初めてできることで、個人の自由な同意がなければ、政府や行政の権力というものは正当化されないのだという原則になります。

では、この「同意」はどういう形で現れてくるかと言いますと、これは代表を選んでルールを作るということです。従いましてアメリカ人にとっては、ルールなき社会というのは存在し得ない。存在するはずがないと見ているわけです。

ところが日本はどうでしょうか、行政指導というのはルールでしょうか。少なくとも公的な議会で議決されたルールではないですよね。首長決裁とか、部長決裁とか、そういうもので要綱が作られて、それに基づいて行政指導をしています。

そうすると「ああ、役所が言っているんだからこれはなんとか従おうじゃないか。」という非常に曖昧な同意があって、それがなんとなく通じていくということになっていくわけです。それを破る人や聞かない人がいますとどうなるかというと、「あいつは行政に楯を突いて、変な奴だ。」

あるいは「俺たちの仲間とは違う奴だ」と変人扱いになるわけです。

ところがアメリカ人の場合は逆でして、曖昧なままに行政の言うことを聞くということは、自分の自由を放棄したことになる。自分は自由に同意できるし、拒否もできる。それを拒否して行政には従わないこともできる。行政に面従腹背することは、自分から奴隷状態になっているというふうに見るわけです。むしろ日本人から見ればちょっと変わった人で、行政指導なんかすぐに従わない。これこそがアメリカ人にとってはノーマルな人なわけです。ルールはそのたびに条文にしたがってやっていく。

ですから、「ルールなき社会」というものはアメリカでは考えられないということになるわけです。自分の自由意思に基づいて同意を与えた時にのみルールというものが成立して、それに従う義務が発生するというふうにアメリカ人は考えるからです。

こういう考え方からすると、行政あるいは政府は個々人を支配したいという支配欲を常に持つものであり、存在すること自体が危険なんです。なぜならば、かつて行政権力というものは人民を支配したからであるということになります。

アメリカ人の発想からすると政府とか行政というのは必要悪です。本当は無い方がいいのだけれども、必要悪として政府が存在をするというのがアメリカ人の基本的な社会哲学であります。

そういう考え方からすると、政府の権力は常に抑制し最小限にすべきである。そして政府の活動は常に監視の目を光らせていなければならないということになるわけです。

こういうところから、政府は公正な手続きを踏んでしか権力を使ってはいけないということになります。アメリカではすでに一九四七年、戦後まもなくですが、「連邦行政手続法（APA.Administrative Procedure Act）」というものが成立をしています。それから一九六〇年代、これはウォーターゲート事件を経験しまして「情報公開法」が出来ました。政府は常に悪をなす傾向があるから監視をしなければいけないという考え方です。実はこういう考え方、思想がわが国の行政手続法であるとか情報公開法にずっと流れ込んできているわけです。

（3）日本社会の「法化」

日本の行政はかなりアメリカナイズされてきた。むしろそのように強制されてきたというふうに言ってもいいだろうと思います。日本的な集団主義、業界、系列、あるいは行政指導といったものは指弾の対象になるわけです。そして徐々に、行政指導というのは効かなくなってきているわけです。そういうところから日本の社会もやはりルールを作ってルールで運営をするという社会に変わらなければいけないと言われるようになってきたわけです。

日本の社会もだんだんルールがいっぱい出てまいります。司法制度改革によりまして、二〇〇三年にロースクール入試が行われ、二〇〇四年からロースクールができます。そうなりますと年間三〇〇〇人の司法試験合格者が出ることになります。こうなりますと、いろんな弁護士がでてくると思います。おそらく何百人あるいは千人を超えるような行政専門の弁護士が出てくると思いますね。おそらく多治見市にも専属の弁護士がいないと、とてもやっていけない社会に変わっていくと思います。ですから、これからは本当になんでもルールが求められる。「ルールはどうなってるんだ。」「ルールはどうだ。」と問われる仕組みに変わっていくだろうと思います。

（4）わが国における公式ルールと非公式ルール

我が国では、まだ、「顕教」と「密教」というのがあるわけで、これはよく政治学者や社会学者の分析に使われてきたのですが、いわゆる「建て前」と「本音」といってもよいと思います。例えば「産休」とか「育休」というのは制度としてあるんですが、実際問題としては非常に取りにくい状況がままあるわけです。したがって今度は政府のほうが育休を取れるように強制するということを言ったら、経団連が反対をする。経団連のホームページでは「男性の育児休暇の取得率を上げるためには、夫婦の努力が必要だ。会社で制度を導入するのは大事だが、取得を強制して、取得をしない者にはペナルティーをつけるといった方法は難しい」と言っています。

ですから、建て前上は経団連は全然反対していないわけですが、今度は強制すると言ったら本音が出てきて「反対」と言っているわけです。こういう「建て前」と「本音」の棲み分けをするというのが、日本の社会のあり方であったわけですが、ルール化社会、法化社会というのはそういうことを許さない。「建て前」と「本音」を一致させる。こうなりますと、日本の社会は非常に大きな変革をせざるを得なくなっていくだろうと思います。

日本では非公式ルールと公式ルールとがまだ混在しています。こうしたダブルスタンダードが存在している理由は、集権的な行政システムへの依存体質と日本人の曖昧なルール意識にあるといってもよいと思います。わたしは先ほどアメリカ人のルールに対する考え方を宗教的な基盤にまでさかのぼって説明しましたが、日本人のルール意識は曖昧で行政依存的なのです。あるいは大企業のリーダーシップに、長いものには巻かれろ式に綿々と従っています。しかし、根本のところで、アメリカと違っていても、経済のグローバル化によって、グローバルスタンダードによって、日本もやがて国際的な共通ルールに従った日本のルールを作らなければならない時代に入ってきます。

アメリカの行政手続法では、聴聞手続とルールメーキング、パブリックコメント、公聴会が問題になっています。特に重要なのがルールメーキングで、行政立法や行政上のあらゆる基準の作成のための手続がやかましく議論されます。形は変わっても、ヨーロッパでもこうしたルールが盛んに議論されるようになってきています。環境基準などはそのいい例でしょう。

ところが日本では、行政手続法とか行政手続条例は実はあまり機能しておりません。これはなぜかと言うと、今言いましたように、日本の社会では、多治見もそうかもしれませんが、多くの行政で古いタイプの行政指導がかなり効いているからです。それから、市町村に重要な権限が与えられていないという現実もあるわけです。行政しようにも行政権限がないじゃないか、そういう実態があるわけです。

例えば、一昨日（二〇〇二年十二月十八日）出ました「国立マンション事件」の判決などを見ると、「七階以上を全部撤去しろ。」という、びっくり仰天するような判決が出るわけです。こういうことが起こってくるのは国立市にまちづくりの権限がないからです。一番の根本問題はそこにあると思います。

まちづくりの根本の権限が市にあれば、ああいう建物は許さないということになるはずですが、それがないのです。あそこは建築確認を東京都でやってますから、簡単に言えば、東京都でＯＫを出したから出来てしまったのです。住民の声より国の法律が優先した。

しかし裁判官の考え方では、よくあそこまで見ているんだなと思いますが、市民の「我慢の限界を越えている」ということだったわけです。それはそうですね、ずっと大事にしてきたまち並みのところにいきなり巨大な壁みたいなやつが建ってしまったんですから。これがマンション業者の「権利の濫用」ということになったのです。当然、高裁、最高裁まで争われるのでしょうから、まだまだ見つめていかなければならないと思いますが、大事なことは国の法律がこうしたマンション建設を許しているところにあります。

やはりその根本にあるのは、一番市町村になければならない権限がかなりの部分、中央省庁に持っていかれている。あるいは県に持っていかれているということがあります。

私はいつも言うのですが、都市計画決定を、なんで「都市計画審議会」でやれるのか。なんで議会に権限がないのか。なぜ都計審でなければいけないか。どう考えてもここは説明できないですね。

まちづくりとはそのまちの皆で、多治見市だったら多治見の人が皆で、これからの多治見をどうするかということで、線引きを決めることですよね。これに議会が関与できないということはどういうことなのか。先進国みてもないですよ。都市計画の決定に議会がほとんど権限を持たず、質問しかできないなんてないです。むしろ議会が「ウン」と言わないと都市計画決定というのはできないことになっています。こういうのは結局は機関委任事務体制がそのまま来ているということなんですね。

要するに、昔のまま大臣がいて、都道府県知事がいて、市町村長がいて、言う事を聞きなさいという上意下達の仕組みがあって、じゃあちょっと意見を聞きましょうという形でプラスアルファーで都道府県の審議会がついているという形なんですね。こういう形が変わってないんです。しかし、やはりそういうものを変えていかなければいけない。今度都計法が改正されて住民は意見、プランを出せるようになるということのようです。しかしそういうものも議会が関与していないのはおかしいと思います。

世界中のローカルガバメントを見ますと、日本みたいにたくさんの権限は持っていません。福祉の権限も教育の権限も持ってません、アメリカのローカルガバメントは皆持ってないのです。しかし、どこの国のローカルガバメントもまちづくりの権限は持っている。まちをどうするかの権限は基本的権限であるというふうに言ってます。ですから外国からきた日本のローカルガバメントを研究する人は「まちづくりの権利が何でないんだ。」ということで不思議がります。「一番基本的なものではないか。どこに道路を造り、公園を造り、施設を設置するか。一番基本的なことを決める権限が市町村に無い。驚くべきことだ。」と言っているわけです。これはやはりなんとかしなければいけないと思っております。あとで述べる地方制度調査会の「西尾私案」などで議論となっているのは、町村やそれ以下のコミュニティでの権限のもち方の問題なのです。それらを整序しなければならないというのが最も大きな課題であり、第二次分権改革の焦点だと思います。そして分権改革が進めば進むほど、市民間のルールや政府と市民のルール（行政手続や立法手続）が必要とされていくようになると思います。つまり権限の整序とそれに伴うあらたなルールの形成、これが今焦眉の課題になっています。

アメリカの文化と日本の文化というのはかなり違うところがあります。しかし我々にとっても、やはりルールというものが必要になってきていることは疑いがないわけでありまして、国際化が進めば進むほど、日本人だけに通用するような阿吽の呼吸みたいなものではもう駄目で、やはり国際的に通用するルールというものを考えていかなければならない。これは疑うべくもない事実だろうと思います。

建て前と本音というものの使い分けも徐々に失われていくでしょう。それには新しいルールのあり方が、産休なら産休が、育休なら育休が取れるような仕組みをきちんと考えなければならないということが言えるのではないかと思います。

私はこれからの時代は、グローバルスタンダードを離れずに、むしろ日本人の文化に根ざしながらグローバルなルールになっていくようなものを世界に発信していくべきだと思います。日本人の考えた国際的に通用するルールというのがいったいいかなるものか。これは皆さんと共に考えていかなくてはならない大きな課題だというふうに思います。

3 法の根源にある「手続」的公正

(1) 法的正義とは何か

さて、こういう流れに即してルールというものをもう少し深く考えてみたいと思います。ルールというものは抽象的に言えば、社会正義を実現するためにあると言っていいわけです。この社会的な正義にかなったルールは、言葉を変えて言えば、社会的に見て公正なルールということが要請されてくるわけです。

ところで、法哲学の世界では「正義論」というのが古来から議論されてきましたが、ここ二〇年ぐらい、また盛んになってきました。「一体、正義とは何か」ということです。あるいは平等、公平、公正というのはどういうものかということが議論されてきたわけです。市民社会の中で周辺化されている、いわゆる社会的弱者と呼ばれる人々が声を上げてきたのが大きな要因だと思います。

(2) 配分的公正(結果の公正)

法哲学の世界で非常に有名なロールズという人がいます。平等ということを非常に重んじた方です。例えば男性と女性ということを考えてみた場合に、女性が出産をしたり育児をしたりということがあるものですから、男性の場合と比べるとハンディがあるというわけです。そうすると女性は男性に比べて出発点からバリアーがあって、男性と同等に活動ができない。あるいは競争もできないということになります。これを是正しなければいけないということで、これが有名なアファマティブ・アクション(優遇措置あるいは是正措置)という考え方になります。

あるいは障害者でもいいんですが、皆、道路を自由に通行できるのに、障害者はできないというと車椅子を無償で提供するということになる。平等にするためにはこの障害を持った人、あるいは差別を受けている人に対して一定程度の優遇措置をとらなければいけないということになっ

図1

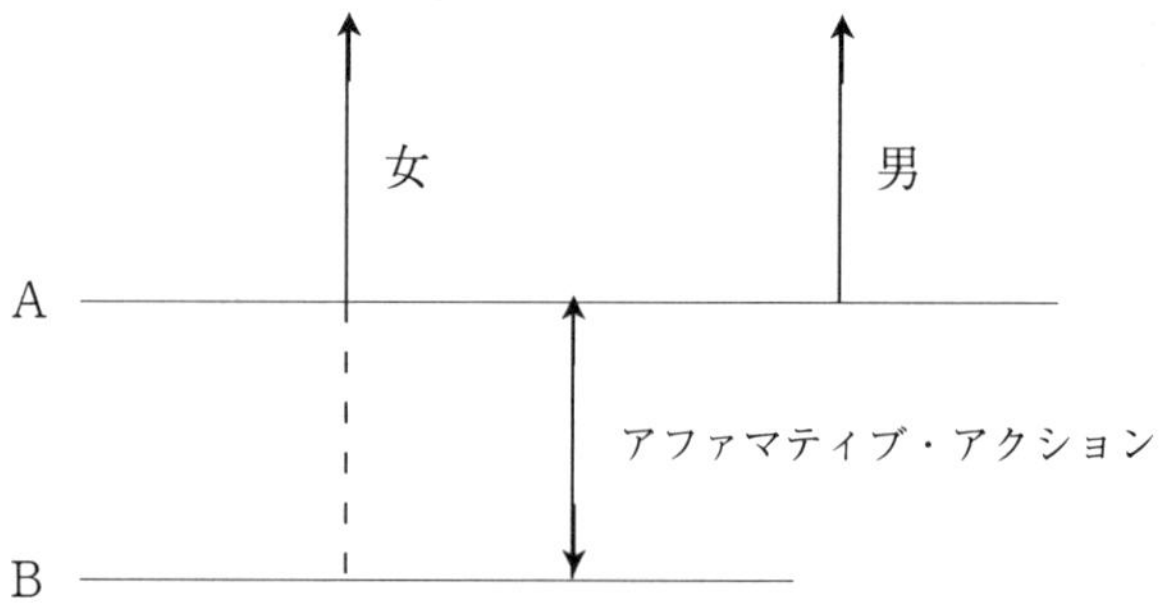

A：男性の社会的活動の出発ライン
B：女性の社会的活動の出発ライン

たわけです。

アメリカで最も論議されたのは黒人と白人との差別の話ですが、これは現在でも論争が続いております。一定の大学は黒人の特別枠を持っておりまして、入学総数の例えば十五％は全部黒人でなければいけないというわけです。しかし、こういうことを推し進めると、今度は逆差別だという話が出てきて、逆差別の気運が非常に出てくるわけです。

重要なことは、こういう社会的に見て公正であるということはどういうことかということについて、「客観的な基準」があるはずだということが前提となって議論されてきたことです。

（3）手続的公正（決定過程の公正）

ところで、最近のごく新しい一九九〇年代から出てきた「手続的公正の心理学」という考え方は、これをちょっとひっくり返してみるところがあります。そこでこうした考え方を皆さんにご紹介をして、行政手続法、行政手続条例の重要さをもう一度再確認をしたいと思います。

今まで、このロールズなんかの場合もそうですが、客観的に見て、すなわち社会的、客観的に見て正しい基準あるいは公正基準があるはずだ。それに到達できない場合にはアファマティブ・アクションによって基準に引き上げて一定の公正さを持つべきだと、こう言ってきたわけです。ところがこういう「結果の公正さ」という考え方に対して、もう少し「手続的な公正さ」があるんじゃないだろうか。言葉を変えて言いますと、公正さにも実は客観的な公正ということのほかに主観的な正しさということの二つがあるんじゃないだろうか、ということを言うようになってきたわけです。

「主観的公正さ」というものを言葉を変えて言いますと、それは「満足度」です。客観的な正しさというのを追いかけていくというのは大切なんですが、結局良く分からないわけなんですね。

本当に正しいこととはなにかというと難しいことになる。皆さん、いろいろな仕事に携わったと思うんですが、客観的な正しさということを追及していったら、おそらくそれは理想ということになりかねない。そうだとすれば少し視点を変えて、「主観的な公正さ」、すなわち当事者の「満足度」というものを測ってみようじゃないかということになってきたわけです。これが実は今まで法律学の中でほとんど議論されてこなかったやり方であります。

裁判にしても行政にしても、当事者にいかに、いかなる満足度を与えていたかということを、アンケートで調査してみよう。そして数にしてみようということになったわけです。そうすると非常におもしろい結果が出てきたわけなんですね。

(4) OJ・シンプソン事件(一九九五年)

一つの例を紹介します。これは「OJ・シンプソン事件」というアメリカの刑事事件です。これは皆さん記憶にあるかと思います。有名なスポーツ選手で殺人を犯したということで、逮捕起訴されるわけです。しかし、これには、当初から白人の警察官の差別意識が絡んでいたというんで冤罪説が黒人の中で非常に強かったわけです。これに対して「いや、白人の警察官がやったことは正しいんだ」という白人側の論理とに分かれていました。

つまり有罪を主張する側と差別に基づく不当逮捕だという考え方とが対立していたわけです。結果は、公判前、白人のじつに六二%が有罪と考えていたんですが、陪審員の判決によりますとシンプソンは無罪ということになったわけです。

この結果に対して、社会心理学者たちが公判手続の点についてアンケート調査をしました。そうすると「公判手続きは公正であっただろうか。」という質問に対しては、じつに白人のうち七四%の人が「それは公正であった。」と答えているわけです。

(5) 手続的公正と結果受容

人間というのは、「結果の公正さ・平等さ」と同じように、あるいはそれ以上に決定のプロセスの部分を非常に重んじる。それは非常に大事だと考えるということをこの結果が示しているわけです。すなわち結果が不満であっても、手続的に公正であるというふうに考えられた場合には、その結果を受容する、受け入れるということです。これは行政のあり方を考えるときに非常に大事なことであります。

図2　結果と手続の満足度に対する影響

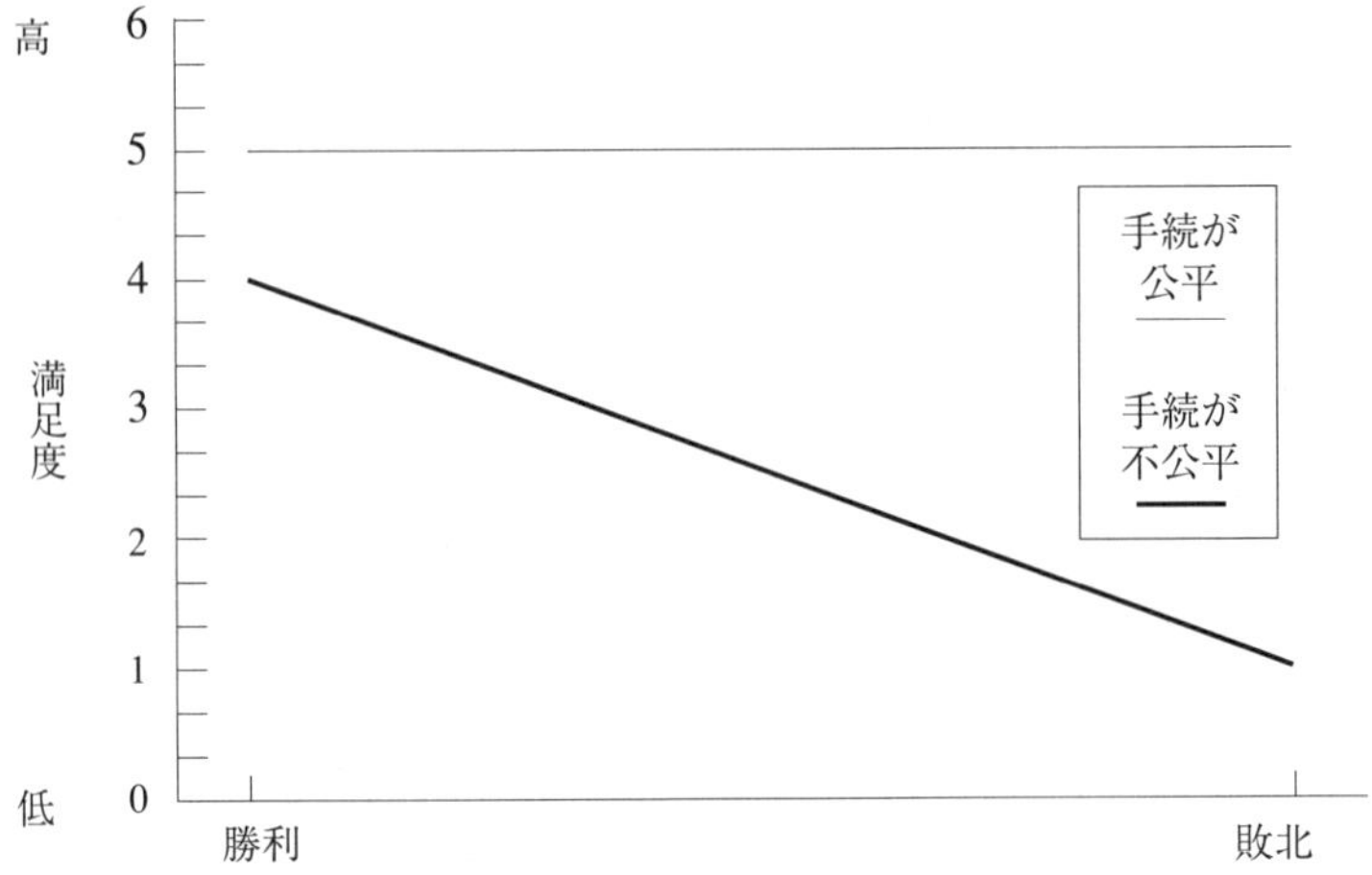

出典：大渕憲一　菅原郁夫監訳　T.タイラー・R.ボエックマン・F.スミス・Y.ホー『多元社会における正義と公正』（2000年ブレーン出版203頁）

これから行政サービスというのはドンドン小さくなっていきます。そういうパイが小さくなっていったときに、それを受け入れてもらうためには何をしなければいけないかということです。

それは、この「手続的な公正さ」ということに現れているのではないでしょうか。

図2をご覧頂きますと、左の軸に満足度、右が下の軸は勝利と敗北であります。これは一目瞭然ですが、手続を公平にやるということになりますと満足度は変わりはない。すなわち負けた人も不満は残るけど手続的に公正なので受け入れるということを示しているわけです。ところ

表1　資源配分における決定基準の重要性
（バレット・ハワードとタイラー、1986）

手続的公正	4.59
分配的公正	4.47
意思決定の迅速さ	2.33
敵意の減少	4.25
実行可能性	4.20

高得点はより重要であることを示す。

出典：大渕憲一　菅原郁夫監訳　前掲書（本文29頁参照）101頁

が手続が不公平だと、斜めの線になって出てくるわけです。すなわち敗北をした時は満足度がえらく低いということになっていくわけなんです。

我々は、この「プロセスの公正さ」について、もう少し注目しなければならないということが、いわば科学的に裏打ちされたわけです。

表1は単なるアイデアの問題ではなくて、いろいろな人にアンケート調査をした結果をまとめたものです。この「手続き的な公正さ」というのは合計のトップになっております。これに対して「分配的公正」、つまり「結果の公正さ」は下回っています。結果がちゃんと公正になっているかどうかは僅かといえば僅かかもしれませんが低いのです。「手続き的な公正」は「結果の公正さ」よりも大事であるということが裏打ちされたということになります。

「意思決定の早さ」についても、早くやるよりは公正にきちんとやってもらいたいというんですね。適正なプロセスを経て公正に決定をしてもらいたいというのが多くの当事者の望みであるということになるわけです。

こういう観点から、我々は手続き的公正というものはじつは多くの当事者の満足度にも影響を与えていると考えなければならない。客観的に正しいかどうかということよりも多くの人が満足してくれることが重要だということになる。だとすれば手続き的な公正さというのが担保されていなければいけないということを意味しているわけです。

因みに、このたびの司法制度改革審議会で日本の裁判所の「民事訴訟利用調査」をやりました。要するに「日本の裁判所は使いやすいかどうか。」ということです。そうしたらどれぐらいの人が使いやすいと答えたか。「満足度」はどれぐらいだと思いますか。

結果は一八・六%の人しか満足してないということで、裁判所は極めて我々にとって遠い存在で非常に使いにくい制度であるということが実証されました。

しかし、このことは行政についても言えるわけで、皆さんが市民の方に「行政は近付きやすいか」、「利用しやすいか。」とかいったアンケートを取ってみたらどうでしょうか。「どれぐらい満足しているか。」こういう視点を持ってみたら行政手続は非常におもしろい展開をしていくんだろうと思います。

私は、手続き的公正についてもっといろいろ実験をやってみたいと思うんですが、まず人手とお金がなければあまりできないんですが、そういうことをもし皆さんができるのだとすれば是非確かめて頂きたいと思います。

政策評価とか、自己評価とかそんな難しいことをやらないで、端的に「満足度はどうだろうか」、「アクセスのしやすさはどうだろうか。」と聞いてみたら、本当にいろんなことが分かるんじゃないかという気がします。

（6）手続的公正の主要要素

次は、どういう場合に手続きの「満足度」があるのかということについて、実験結果をまとめたものです。以下、七つの指標が出てきました。

（イ）一貫性

これは、人と時間によって左右されない手続の一貫性を指しています。裁判でも行政でも相手によって、偉い人だからといって、あるいは性悪な奴だからといって区別しない。時間も平等にかけて判断するということを意味しています。

（ロ）　偏見のなさ

決定をする人が自分の人気のことを考えたり、先入観を持っていないことです。アメリカであれば「黒人だから」とか「白人でない」とか、そういう偏見のないことです。裁判官は自分の経済的利害に関連する事件については回避すべきですし、行政上の決定の場合も同様でしょう。また先入観や偏見をもって判断してはいけないのは裁判の場合も行政の場合も同様です。

（ハ）　正確性

正確な情報と証拠に基づいて決定が行われることです。一般に裁判手続においては、証拠が非常に重要な役割を果たします。科学的な実証はもとより、それができない場合でも推認や蓋然性など極めて精緻な理論が発展しています。正確性とはこうした「正確」な情報が決定の場に提供されることを意味しています。

（ニ）　修正可能性

ある決定が成されたときに、ひょっとしたらこの決定が間違っているかもしれないので、もう一回これを見直す機会が与えられているということです。これは非常に大事なことです。日本でいうと行政不服審査法があって、行政の決定に対しては、不服申立てをすることができますし、行政事件訴訟法によって裁判所で争うこともできますが、そういう再審理の可能性が保障されていることを意味しています。

（ホ） 代表制

これはレプレゼンテーションの訳なんですが、当事者の発言の機会が保障されていることです。あるいは代理人を通じてでもいいんですが、その当事者の発言の機会が保障されているということです。すべての関係者の意見や関心、価値観、見解が出され、もしくは反映されるということです。これは手続き的な公正の中では最も重要なことです。当事者の意見がちゃんと聞かれるということです。これが一番大事なことなんです。

（ヘ） 倫理性

例えば当該手続がプライバシィを犯してはいけないとか、決定に際してプライバシィが十分に保障されるということが必要なわけです。基本的な道徳とか倫理を守ることが決定の過程でも要求される。刑事裁判で拷問によって得られた証拠が否定されるのも、このためなのです。

（ト） 権威者に対する信頼性

最終的な決定をする者がこういうことを守って、そしてしっかり調べて、そして決めるんだという意味での信頼性です。これは中立性や判断者の地位を認知することを意味しています。

以上が「主観的公正」に関わる七つの要素です。例えばイラクでの国連査察官にこの七つの基準を負わせてみたらおもしろかったですね。あの査察が公正であるかどうかというのをこの物差しで計ることができるわけです。その場合、七番目の「権威者に対する信頼性」は最終的には国連の安保理でしょう。今問題になっているのはまさに「正確性」とか「偏見のなさ」ですね、アメリカはアメリカで偏見を持っている。イラクはイラクで偏見を持っているということですから。

この七つの基準はちょっと抽象的ですが、かなり応用範囲は広いんです。行政手続きについても、小さいのは近隣のトラブルにも当てはまります。大きなところでは国際的な査察のようなものについても原則は当てはまる。非常に汎用性が高い、そういう七つの要素です。

これが社会心理学者たちが到達したひとつの到達点ですが、こうした調査は法の世界、法律の世界にとっても非常にまた役に立つもので、こういう条件が生かされると当事者は手続き的に満足するということが実証されたわけです。

(7) 行政手続法・行政手続条例と手続的公正

行政手続きについてはどのぐらいの要件を満たしているか。多治見市の行政手続条例も先ほど見せていただきましたが、おおむねこの七つの要素を満たしております。

ただ、最後の「権威者に対する信頼」のところはどちらかというと弱い。裁判所が一番これに近い、理想的な形です。しかし行政手続法や行政手続条例では中立的な第三者が予定されていないという憾みがあります。

手続的公正の観点からは第三者性、当事者でないものが、登場してきているという点が信頼性を非常に高めているわけですが、行政手続法・条例の場合には、行政の中から、すなわち当事者の一方から判断者が出るという形になってます。これは主宰者という形になって一応出てきて定義されるんですが、この点が若干弱い。できるだけ第三者制度を保つようにしておりますが、行政手続法、行政手続条例の弱点です。しかし、あとは概ね七つの要件というのを満たしているわけです。

ですから皆さんが行政手続法や行政手続条例というものを考えるときには下地にこういうものが満たされているんだということを是非とも考えていただきたいと思いますし、またこれから、例えば条例を作るというような場合も、こういった七つの要件を物差しにして、条例を構想していくということが大事だと思います。

4　社会のアイデンティティに関わる報復的公正の考え方

（1）ルール違反者に対する処罰要求

じつは、ルールの中にはもう一つ非常に大きな体系・仕組みがあります。すなわちルールというものを考えてみると、手続き的公正ばかりを考えてルールが出来上がっているのではなくて、もう一つの側面としての「報復としての公正さ」というものを求めるルールの体系もあるということが言えるわけです。

例えば、銀行強盗が起こったときに、これに対して単にお金を返せばよいということでは皆は満足しないわけです。我々は銀行強盗に対してやはり処罰を要求するわけです。つまり、こうした事態が起りますと、われわれは、「バランスを取る。」だけでは満足しないのです。「平衡理論」といいますが、強盗にお金を取られたらその強盗がお金を返せばいいということだけでは我々は納得できない別のルール意識を持っていそうです。

アメリカで同時多発テロが起こったときに、この解決策は何なのかと思って社会的公正の心理学の文献をざっと読んでみました。

結論はどうかというと、「手続き公正」というルールは同時多発テロの場合は働きません。これらは結果としては「謝罪」と「改悛」しか方法はない。社会道徳の著しい侵害、あるいは社会の基本的な価値に対する侵略、挑戦が行われたときには人々は単に損害を償えばよいということだけではなくて、ルール違反者に対して処罰要求をしてくるわけです。

これは例えば、セクハラ訴訟なんかを見ても分かります。セクハラの場合は損害賠償だけでいいというのではなくて懲罰的な損害賠償ということが行われています。セクハラ訴訟の場合は大体七〇〇万円から八〇〇万円ぐらいの賠償命令が出されているわけでして、被害者の女性の立場からすればそれでも低すぎるというぐらいですね。これはやはり女性のプライドというものを傷つけたからです。とするとこれに対しては謝罪に相当するだけの額を出せということになってくるわけで、こういう懲罰的な損害賠償なども報復的な意味合いがあるというわけです。

我々が社会のルールを考えるとき忘れてならないのは、こういう「報復的な公正さ」というものもあるのだということです。

(2) なぜ我々は犯罪者に対して刑罰を要求するのか

なぜ刑罰をするのかということを考えてみますと、刑法の教科書には、犯罪や非違行為など、悪いことをすると「処罰するぞ」ということで一般予防で説明されておりますが、どうもそれだけではないようです。基本道徳に対する違反、社会のアイデンティティに対する違反、例えば多治見市の旗をビリビリと破られた時に皆さんはむかつくだろうと思うんですね。まさにアイデンティティが侵害されたわけですね。そういうことに対しては、単に布を破っただけだからもう一枚旗を返せばいいというものではない。「謝れ。」となるわけです。我々はそういういわばアイデンティティに対する侵害、挑戦というものに対しては、単に金銭的な賠償を求めるだけでは納得できませんで、「謝罪」とか「改悛」というふうなものを要求する。「謝罪」や「改悛」は加害者に我々の社会的ルールを再確認させ、現在または将来においてルールに沿った行動をすることを表明させるためのものです。つまり我々の社会にとってルールとはなにかということを、その加害者自らに表明させる、これが謝罪ということなんだと言っているわけです。

同時多発テロというのは単にビルが壊されたとか、人命がたくさん失われただけではなく、アメリカのプライドと社会のアイデンティティを基本から脅かすものだ。従ってこれに対しては報復という形に出る。つまり、加害者が謝罪をするか改悛するかどちらかしか方法はない、損害賠償をすれば宜しいという意味ではないのだということが報復的公正ということから分かってくるわけです。

(3) 千代田区の歩行喫煙禁止条例

わが国でも、例えば千代田区の歩行喫煙禁止条例などはこうした報復的公正に関わるものと位置づけていいと思います。千代田区のように、昼間人口がものすごく密集しているような場所では、歩行喫煙をしないというのは基本的道徳です。ところがそうした道徳を守らず、歩きながらタバコを吸って、子どもの目を擦ったり、着衣に焦げができたりするケースが出てきたわけです。これが千代田区住民の脅威となりまして、歩行喫煙禁止条例ができたわけです。この条例は、日本社会の道徳を確認するという意味合いがあり、最近のまちづくり条例などとはタイプの違うものだということを強調しておきたいと思います。最近は日本社会も安全ではなくなり、防犯条例などができてくるのではないかと思いますが、こういう社会の安全という基本的価値に対する防衛として条例が制定されている点が興味深いと思います。

(4) 手続的公正と報復的公正の関係

それでは手続的公正と報復的公正はいかなる関係にあるのでしょうか。また報復的公正の観点から、行政手続や分権改革に示唆するところがあるのでしょうか。まず確認しなければならないことは、報復的公正は、集団的アイデンテティの侵害に対して処罰や謝罪によって、集団のアイデンテティに関わるルールを回復することでした。したがって、報復的公正は集団的アイデンテティと深く関わることが明らかになりました。

そこで次に、手続的公正と報復的公正の関係ですが、社会的公正の心理学では、両者は「連動」するとされています。ルール違反を処理する手続は、社会的構造や集団的同一性を強化する機能を持っているとされています。わかりやすくいえば、強盗のような犯罪の場合、これを処罰する刑事手続(司法警察官の捜査手続や刑事裁判における刑事訴訟手続)は、その手続に当事者がコミットメント（参加）することによって、日本の社会では強盗は許されない社会であることが確認され、しかもその手続には敬意が払われなければならないことになっています。刑事裁判の場合ですと、被告人が入廷し、検察官、弁護人も揃ったところで、裁判官が入廷をしますが、このときは全員起立しなければならない。ここで刑事手続への敬意が払われたことなり、その後の手続もこうした手続への敬意が維持されることになります。こうした手続は処罰を補完し、被害者の地位（刑事裁判における被告人の権利）と社会的ルール（強盗をしてはならないというルール）が改めて確認されることになるのです。つまり、ここでは手続的公正と報復的公正とが連動して働いているのです。

それでは、こうした関係は行政手続や分権改革の場合も応用可能でしょうか。わたしは可能であると見ています。行政手続の場合でいえば、たとえば営業の取消し処分の場合は、陳述の機会が与えられ、そこに提出された証拠に基づいて、主宰者が判断する手続が用意されています。刑事裁判手続のように厳格ではありませんが、そこではこうした行政手続を通じて、営業者が遵守すべきルールが再確認されることになります。主宰者は第三者でない憾みがあるにしても、そこでは手続的公正と報復的公正（営業者の守るべきルールの再確認）が連動して行われています。

さらに分権改革ではどうでしょうか。わたしは、ここでも手続の内容や種類は異なるにしても、原理的に共通するものがあると思います。というのは、これはのちほど分権会議の財政改革の場合と地方制度調査会の西尾私案についてやや詳しく述べますが、どちらも自治体という集団的アイデンテティのありかたと深く関わっているからです。地方財政改革というのは、自治体がどのような仕事（事務）を行うかの問題ですし、合併や特例的自治体の構想は集団的アイデンテティそのものの存続に関わる問題だからです。もし、こうした仮定が成立するのだとしたら、ここでも手続的公正と報復的公正が連動するといえると思います。つまり、自治体という集団的アイデンテティを消滅させたり、改編させたりする場合は、それにふさわしい、住民がコミットメントする手続的保障が必要であり、その意味で分権改革にも手続的公正の原理が働くといってよいのだと思います。もっとも、こうした集団的アイデンテティの形成、改編、消滅に関わる手続は刑事裁判手続とは非常に異なる手続になるでしょうし、地方財政改革の場合も異なった手続となるべきでしょう。しかし、いずれの場合も、手続的公正と報復的公正が連動しているように、自治体の財政に関わる問題や自治体の器のあり方に関する問題などでも、手続的公正が要請されていることは注目すべき視点だと思います。

5　分権改革の中での手続的な公正

昨今の分権改革の動向を、やや強引に「手続的な公正さ」という観点からお話します。分権改革の大きな動きはいろいろありますが、基本的には二つの点に集約されます。一つは分権会議の財政問題、いま一つは、西尾私案に代表される自治体の器の問題です。分権改革推進会議は国庫補助負担金の削減、交付税の見直し、税源移譲の三位一体で起動することになっておりました。

(1) 財政危機の中での「配分的正義」と「手続的正義」

国庫補助負担金は二〇兆円あるわけですが、公共事業とか福祉関係の財政支出の削減はどうも難しいということになりまして、最後に残ったのが義務教育の国庫負担金の削減。これも三兆円あるわけですが、この三兆円をどうするかということが話題になったわけです。ところがこの三兆円は公立の義務教育学校の先生方の給与の半分です。残りの半分は県が出しているわけなんです。いろいろ議論があったのですが、当初は三兆円を全部自治体のほうに任せる。国庫負担金を全部打ち切るという案があったわけです。

しかし、そうなりますと、文科省は負担金があるから初等中等教育について学習指導要領とかいろいろな形で関与できるわけですが、お金がぜんぜん出ないとなったら、もう文科省はなんにも関与できないということになります。そこで文科省は義務教育は憲法に書いてある通り、国が行うことになっているんだというようなことまで言い出し、憲法論争まであったわけです。

分権推進派は「三兆円はもういらない。国に返してしまえ。その代わり国税の方から税源を自治体の方に移譲してもらいたい。」と主張したわけです。

文科省も非常に困りまして、おそらく財務省と何回も交渉をやったんだと思いますが、結果的に先生方の退職手当金と共済の方の補助金を合わせて五〇〇〇億円削減で合意したわけです。

分権改革推進会議の西室議長は、「ゼロ」か、「文科省と財務省が合意した五〇〇〇億円」か、それとも「三兆円」か、と言ったら、「ゼロ」としたら今までの議論はパーになってしまいますから、ということで五〇〇〇億円で手を打ったわけです。それに対して「やっぱりゼロでいい、三兆円全部返してやれ」という委員もいて、かろうじて五〇〇〇億円に決まったということなんです。

昨日の新聞を見てましたら、小泉首相は五〇〇〇億円を二二〇〇億円に減らしていました。なぜかというと、これは四年間で五〇〇〇億円減らすということで、削減部分は交付税でみるということになったのです。

一体あのトラブルは何であったか。政治というものはそういうものだというある種のあきらめもないわけではありませんが、委員の先生方や関係者の苦悩を考えると、もう少し別のやり方がなかったのかどうか。やりきれなさも拭えません。議論は「配分的正義」に傾斜しすぎていたという指摘も可能です。

しかし、こうした結果はともかく、公正の心理学の観点からは重要な問題が提起されていたことを見逃すべきではありません。手続的公正の心理学では、代表制（当事者に発言権を与えること）と効率性との間にはトレード・オフの関係があるといわれているのですが、それが典型的に現れた事例であるということです。簡単に言いますと、決定にどのくらいの時間がかけられるのか。時間的余裕はどのくらいあるのかということです。義務教育の国庫負担金のようなマクロな問題で、関係当事者の意見を聞いたり、データの確認を行っているといつまでたっても決定ができないという事態になってしまうのです。そこである種の政治的決断が行われることになります。財政危機というのっぴきならない事態の中で、教育のあるべき姿や自治体の役割について原則に立ち返った議論をすることは、極めて困難です。分権会議はそうした困難な状況におかれていました。

代表制と効率性がトレード・オフの関係にあることは、決定の質にも影響を与えるといわれています。決定過程に参与すべき関係者とは一体誰か。どのくらいの時間的余裕があるのか。どのようなデータをもとに決定すべきか。義務教育国庫負担金をめぐる一連のトラブルは、こうした手続的公正に関わる重要な問題をわれわれに提起しているといえます。

(2) 地方制度調査会の「西尾私案」

さてもう一つ。いわゆる「西尾私案」といわれているものです。

簡単に申し上げますと、全国から町村はいらない。無くするといわれています。しかし、これはあまりに短絡的なとらえ方です。

多治見市も合併の問題を抱えているかと思いますが、合併特例法の期限は二〇〇五年の三月です。この間に合併に無事見通しが立って、若干の事案を残す程度のことになればハッピーなんでしょうが、本当にハッピーかどうかはまだ合併してみないと分からないというところがあります。ちなみに合併特例債というのは借金であることには変わりはないわけです。

それはともかくとしまして、この合併特例法の期限が二〇〇五年三月であります。その後、それでも見合い先がないというところはどうするかということになるわけです。この「西尾私案」では、合併特例法の期限後、残ってしまった市町村は、一定期間を経過したら特例的自治体として他の基礎的自治体や都道府県へ編入するということであります。解消すべき市町村の人口規模を法律に明示するということなんですが、これは明示されていません。目安として一万人ぐらいでしょうか。

あとは一万人以上はすべて市にしてしまって、残ったところは特例的自治体として他の自治体に編入をするということであります。都道府県が面倒をみる場合を垂直補完、近くの市が面倒をみる場合を水平補完と呼んでいます。

これに対しては非常に強い反対がありまして、千葉大学にいらっしゃる大森彌先生は「あの案には、理はあるが情がない。」と、先生らしい言い方をしておられました。

大森先生は全国あちこちを見ていらっしゃいますので、頑張っている自治体もあれば駄目な自治体もあるということで、ばっさりと切ってしまうのは「情がない。」という言い方になるんだろうと思います。

これもまた非常によく分かるし、他方で西尾先生の理屈も非常によくわかる。でも情的には大森先生の思っているみたいな感じもあって、私自身多少揺れがあるわけです。

(3) 西尾私案の要点

私の感想はともかくとして、西尾先生のこの案に含まれている極めて大事なことは、あまり正面に出ていないのですが、特例的自治体の扱いのところです。

このところを注意深く読んでいただきますと、資料4―(2)―ア「特例的自治体は窓口業務などに限定して、その他の業務は都道府県などが処理する」の後です。この中で私が注目しますのは、「三役を置かない。」ということと「議員が無給である」ということです。こういうことは一体何を意味しているのだろうかということです。

① 議員は「無給」

まず「無給」の点からいいますと、先進国といわれている国々では、アメリカにしてもヨーロッパにしてもオーストラリア、ニュージーランドにしても市議会の議員は例外はあるでしょうが、原則として無給です。まず世界中見ても有給のほうが圧倒的に少ない。議員というのはむしろボランティアで夕方、土日に議会を開くというのが当たり前でありまして、無給でやるということはおそらく九八％ぐらいあるでしょうね。私がアメリカとかオーストラリアとか見てきた限りでは、有給のところはボストンでしたがあとは全て無給でやっています。

本来、議員というものは無給である。国会議員でもイギリスの国会議員などの歳費は非常に低いのです。議員というのは「代表」であり、職業政治家は必要ではないというのが先進国の基本的な考え方です。

ですからここでは、職業政治家ではなく無給の議員を選挙でちゃんと選ぶということです。これはやはり欧米のローカルガバメント、地方政府というものを非常に強く意識した仕組みを考えているのだろうと思います。

②　三役の廃止　―シティマネージャー制度―

それから助役、収入役などを置かないというのはどういうことかといいますと、実際はこの特例的自治体においても全体を管理運営する人は必要になってきますから、ここに「シティマネージャー」を想定するというのが大体の文脈だと読み取ることができます。

これもアメリカとかヨーロッパに非常に多い。オーストラリア、ニュージーランドもほとんどそうですが、市長というのはむしろシンボルでしかなくて、マネージャーとかを五年契約とか三年契約で年俸いくらとかで雇うのです。

英米のローカルガバメントというのはそんなに大きな業務を行うわけではありません。

そこでやっていますのは大体「３Ｒ」と言われておりまして、レイト（Rate）、固定資産税のことです。それからロード（Road）、道路管理をする。それからラビィッシュ（Rubbish）ごみの収集をする。だいたいこの三つが基本で、あとは最近ちょっと介護とか少し福祉のことをやっています。大体その程度の業務分野です。自治体では大体シティマネージャーを雇っておりまして、有能なマネージャーを年俸いくらいくらで雇ってそれを運営していくというのが実態です。

私はシドニー滞在中、ノースシドニー市というところをみていたのですが、これは別にシドニーだけの話をしているわけではなくて、イギリス連邦はほとんどこうなっているんです。イギリス連邦というのは二三か国ありますから、カナダからオーストラリア、ニュージーランドなど、皆そうです。皆そういうマネージャーとローカルカウンスルというやり方をしている。

要するに、無給の議員からなる議会と、シティマネージャーという制度というものを先進国なりに取り入れようというのが西尾私案に含まれている特例的自治体ということです。そして、それを包括する市を考え、さらに県や県の連合組織が、やがて先進国の州のような役割をするようになると思います。

こういう見方は特例自治体ばかり見ていて、市を見ていないという批判もあるかも知れません。しかし、西尾私案ではコミュティをどう考えるかがポイントで、それをボトムアップして市や県、県の連合体を考えるのが筋となっていると思います。

③ 問われる真の市民自治

これについて、賛成するか反対するかはいろいろスタンスがあろうかと思いますが、西尾私案が言いたいところはそういうところなんだと思います。ただ問題は、こういうふうに先進国を知り尽くしている西尾先生が理論的にきちんと考えて、「編入」かあるいはこういう自治体を作って、真の住民自治というものを考えたときに、特例的自治体いわば近隣政府というものを考えたわけなんですが、これが本当に日本に可能なのかどうかです。リアリティがあるのかどうかということです。この点になると私はやや自信がなくなります。

それほどの自治というものができるのだろうかという感じがしております。と申しますのは自治というのは実は大変厳しいことを要求しているわけです。

茨城県では、滞納整理のために全市町村が参加する一部組合を作っているんです。なぜかというと、大体、滞納整理に関わった人は分かると思いますが、自分が滞納整理の担当者になったときに、町内の知合い、あるいは自分の学校時代の友人の家を差し押さえをすることができるかというと、できないわけです。そこで茨城県ではA市の職員がB市の滞納整理をするというようにクロスさせているわけです。ですから滞納整理だけの一部事務組合を作って、第三者が滞納整理をするという形を取っているわけです。しかし本当の自治というのは、身内でも、友人でも、知り合いでも滞納があったら差押えや公売をクールに行わなければならないのです。

また、財政問題についてもそうだと思いますね。これから皆さんが、皆さんの多治見でも財政的にいろいろ逼迫してくると思いますが、そうすると介護の負担金を上げたりですね、いろいろな値上げも起こってくる。あるいはサービスを低下させるという必要が出てくるだろうと思いますが、そういうときにどれだけ市民の声を聞けるか。最終的には例えば増税をするという話が出てくるかもしれない。

財務省がよく言っていることですが、例えば多治見でも超過課税できるんですよね、金が足りないんだったら超過課税すればいいじゃないか。こういうことを財務省は言います。だけど超過課税をしたら多くの首長さんはおそらくもたない。しかし自治というのはそういうものじゃないかというのが財務省の言い分であります。国から金を取るだけ取ってですね。自分のところのは上げるに上げられない。それはどういう自治かというのが財務省の言い分でもあるわけです。

市民自治というのは、このように大変厳しい内容を持っている。そこが近代化されていない日本社会の中でやっていけるかどうかです。

④ 西尾私案と手続的公正

西尾私案は理論から考えてみて正しいわけです、「理」は通っています。でも、大森先生の言葉ではないですが、現実の「情」はこれを許さないということになるのではないかなという気がするわけです。

西尾私案について、わたしは全国町村会が七〇〇〇人もの人々を集めて、武道館で絶対反対の総決起大会を開いたことをとても面白く思いました。町村という比較的おとなしい、中には細々とやっている自治体もあるでしょう、こうした町村が非常な怒りを込めて総決起大会を開いている。その怒りのもとは何かを考えたからです。怒りの原因は、報復的公正で問題になった「集団的アイデンテティ」の否定につながる問題であったからだと思うのです。大森先生のいう「情」というのも、町村のアイデンテティを簡単に否定するな、というところにあるのだと思います。さらにいえば、町村にもさまざまな個性、さまざまなアイデンテティがあるのだから、それを尊重するべきだという主張につながってくる。市町村連合などの発想はこうしたところから、やわらかなアイデンテティの形成を狙っていると思います。自然村、行政村というのもこのアイデンテティに関わっている。

そして改編するのだとすれば、そこに手続的公正が保障されなければならないということになる。これは前に述べた、手続的公正と報復的公正の関係から当然要請されてくる課題です。集団内のルールを確認するという手続ではなく、他の集団とどのようにあらたなアイデンテティを形成していくかという問題、あるいは集団内に新たな集団的アイデンテティをいかに形成していくかという問題でもあります。そうすると、ここではそうしたアイデンテティの消滅や形成にふさわしい手続的公正が要請される。徹底した情報公開や議会での討議、パブリックコメント、公聴会そして最終段階での住民投票が課題になってくるだろうと思います。合併特例法では議会の議決だけでよいとなっていますが、ことは集団のアイデンテティに関わる問題ですから、そう簡単ではないと思います。

少し整理します。西尾私案は、第一に、地方政府という器を決める場合の適切な当事者は誰かという課題を提起したこと、第二に、その手続はいかにしたら公正に行われるかという課題を提起したように思います。第一の問題は、私たちの生活圏が非常に拡散しているなかで、市民自治、住民自治の範囲はいかなるものであるべきか。自治のユニットはどのようなものであるべきか、という問題です。当然、この範囲の問題と「事務」論が重なってくる。さらに、これと関連してくるのが、どういう人々が自治の担い手か。無給の議員というのは、こうした問題と関わっています。手続的公正の観点から言えば、当事者の範囲と当事者の質の問題が問われていることになります。わたしは、西尾私案のなかで、もっともラディカルな主張である「無給議員」に注目しています。おそらく、これが実現してくると、日本の社会は大きく変わってくると思います。選挙で選ばれながら無給の議員、これは強いでしょうね。そして無給だとすれば、公務員も含めていろいろの有職者が議員となって活躍する場を与えられることになる。全日制住民を代表していた市町村議員から定時制を含めた住民の代表が出てくることになる。合併後に残った自治体こそ真の自治体になるような気がします。軽量自治体と云われていますが、重量自治体になる可能性は十分あります。

第二の問題は、今後、こうした自治体の設定や自治体間関係の形成をどのような手続で行っていくかの問題です。都道府県が大きな役割を果たすという場合も、当事者たる市民・住民にどのような手続が保障されるべきなのか。実はこの点については、西尾私案もまだ手を付けていませんし、十分な議論はありません。しかし、くりかえしになりますが、ことは集団的アイデンテティの形成、消滅、発展に関わります。したがって、いわゆる政治的な手法ではなく、適正な多数当事者手続（前述の情報公開・パブリックコメント・公聴会・住民投票など）が求められていくことになると思います。つまりここでも、手続的公正が問題になっているということができます。

まとめ

最後に今日の話をまとめておきます。構造改革というのは、思想からみるとアメリカのファンダメンタリストの考え方が基調になっています。行政手続や情報公開などはこうした構造改革に根ざしていることを申し上げました。しかし宗教的文化的基礎が違うからといって、日本の社会が国際的なルールのスタンダードを守らなくてもいいということにはならない。むしろグローバルな社会であるからこそ、こうしたスタンダードを離れずに、しかも日本発のルールを発信していく必要がある。これが前半のお話でした。中盤から後半にかけては、ルールには手続的公正と報復的公正とがあり、そうした両面から行政手続や分権改革を見ていく必要があることを申し上げました。また重要な点として、公正は客観的公正のみでなく主観的「満足度」を物差しにする「公正」が重要だとお話しました。

構造改革はシステム改革であるといわれるように、われわれの社会や集団、組織のアイデンテティにかかわる改革です。手続的公正の心理学は、こうした集団的アイデンテティのありかたやその反応をとても重視します。行政手続も分権改革もこうした集団的アイデンテティのありかたに深く関わっています。個人のアイデンテティの変革がむずかしいように、集団的アイデンテティの改編は極めて困難な作業となります。しかし、個人にせよ、集団にせよ、アイデンテティは決して不変ではありません。生成し、発展し、衰えていく生命体のようなものです。自治体の住民や職員の意識変革、自治体自体の変革も例外ではないでしょう。重要なことは、こうした変革がどのように行なわれるか、手続的公正がどのように図られているかです。わたしはこうした手続的公正が、ミクロな行政手続からマクロな自治体改革、国政改革まで、どのように保障されていくかが重要だと思います。手続的公正の心理学の研究では、その出発点に、関係手続から排除されている人々を相対的剥奪者と位置づけ、それをどう回復していくかという問題関心がありました。構造改革やその成果である新たな制度も、こうした人々の手続的公正をどのように構想しているか。そうした視点からの定点観測が重要だと思っています。

時間が参りました。ご清聴有難うございました。

【資料】

平成14年11月1日

今後の基礎的自治体のあり方について（私案）

西尾　勝

1　これまでの地方分権と市町村合併

・地方分権推進委員会における地方分権改革の議論は、当初、分権の受け皿となる都道府県と市町村の二層制の枠組みには手を着けないことを前提としていた。国からの権限移譲等を進めるに当たっては、当面、都道府県により重点を置いて進めることとし、そのうえで市町村への移譲を進めるという考え方であった。

・しかしながら、具体的な地方分権を進めていく中で、各方面から、基礎的自治体への権限移譲等を推進するとともに、これを実現するためには、規模・能力を備えた基礎的自治体の体制整備が必要であるということが言われるようになった。これを踏まえて、地方分権推進委員会の第二次勧告や第二五次地方制度調査会の答申が行われ、合併特例法が強化されることとなったものである。平成一一年八月以降は、この枠組みのもとで自主的な市町村合併が強力に推進されている。

・平成一七年三月の合併特例法の期限までにできるかぎり、自主的な合併が多数行われることが必要である。これに向けて、現在、関係者の真摯な努力が行われており、これに大きな期待を寄せている。市町村の白主的な合併の進捗状況を踏まえ、平成一七年四月以降の基礎的自治体のあり方について検討していく必要がある。

2　地方分権時代の基礎的自治体に求められるもの

（1）充実した自治体経営基盤

・機関委任事務の廃止及び関与のルールの設定等により国と地方の役割分担を明確にすることを眼目と

した先の地方分権一括法の施行により、わが国における地方分権改革は確かな一歩を踏み出した。

・これを踏まえて今後は、地方分権改革を新しい段階に進め、国と地方の税財源の見直しを行うとともに、「自己決定・自己責任」という地方分権の理念を現実のものとして実行できる基礎的自治体が求められている。これからの基礎的自治体は、今まで以上に「基礎的自治体優先の原則」や国と地方の関係における「補完性の原理」を実現できるものでなければならない。今後のわが国における行政サービスの提供のあり方はこれを前提として考えていく必要がある。

・今後の基礎的自治体は、住民に最も身近な団体として、都道府県に極力依存することのないものとする必要がある。基礎的自治体は、地域の総合的な行政主体として、福祉や教育、まちづくりなど住民に身近な事務を自立的に担っていくことができるようにする必要がある。

・ますます高度化する様々な行政事務を的確に処理していくためには、専門的な職種を含むある程度の規模の職員集団を有するとともに、分担する事務の処理に十分な権限とこれを支えるに足る財政基盤を有するものとする必要がある。

・このような基礎的自治体の存在を前提として、都道府県は、広域の自治体として広域にわたる事務に重点を置いた責任を果していくこととし、基礎的自治体に関しては連絡調整事務を主に行い、いわゆる補完行政的な事務については必要最小限のものとしていくことが理想である。

基礎的自治体が極力都道府県に依存せず、住民に対するサービスを自己財源により充実させていくためには、基礎的自治体の規模はさらに大きくなることが望ましい。このような規模能力の大きな基礎的自治体には、これに応じた、事務や権限を可能な限り移譲していくべきである。少なくとも、福祉や教育、まちづくりに関する事務をはじめ市が現在処理している程度の事務については、原則としてすべての基礎的自治体で処理できるような体制を構築する必要がある。

・今後想定される改革もこのような基礎的自治体が安定的に財政を運営できるようにすることを基本と

して制度の構築が図られるべきである。第二次地方分権改革において新しい基礎的自治体をこのような事務権限と財政基盤の双方を有するものとすることにより、これを今後の地方分権の主たる担い手として位置付けていくことが可能となる。

今後、わが国において地方分権の実を挙げ、第二次地方分権改革の道筋を確かなものとしていくためには、原則として国土の大半がこのような地方分権の担い手となる基礎的自治体の区域に区分されることが望ましいものと考える。

・地方自治法によれば、「地方公共団体は、その事務を処理するに当たっては、住民の福祉の増進に努めるとともに、最小の経費で最大の効果を挙げるようにしなければなら」ず（第二条第一四項）、「常にその組織及び運営の合理化に努めるとともに、他の地方公共団体に協力を求めてその規模の適正化を図らなければならない」（同条第一五項）。このように、地方自治体においては、常にコスト意識を持つて様々な行政事務に取り組んでいかなければならない。

国・地方を通じる財政の著しい悪化など地方行政を取り巻く情勢が大きく変化している中にあって、基礎的自治体においても、さらに一層効率的な行財政運営が求められている。

・これまでの市町村の歴史を振り返ると、明治以来、わが国の市町村は、国の法令に基づく事務を処理するために、「自然村」を統合した「行政村」として設置されてきた。今後の地方分権時代の基礎的自治体においては、権限移譲等に伴い「行政村」として期待される役割が一層増大することが想定される。

わが国の市町村は、明治初期に、戸籍事務を処理するため設置された団体をその原型としている。以後、小学校事務の処理を目的に三〇〇戸から五〇〇戸を標準として「昭和の大合併」が行われ、中学校事務の処理を目的に人口八〇〇〇人を標準として「昭和の大合併」が行われたものと概括することができる。

現在行われている市町村合併は、国全体の人口が減少していく時期が目前に迫っているという背景の中で（厚生労働省の人口推計によれば、平成一八年をピークとして、人口が減少する見込み）、分権の担い手にふさわしい行財政基盤を有するとともに地域の総合的な行政主体としての性格を有する基礎的自治体を形成するために、経営単位の再編成を行おうとしているものと位置付けることができる。また、同時にこれは、昭和の大合併以降、拡大してきた住民の生活圏や経済圏を基礎として、時代の要請にふさわしい区域を有する基礎的自治体に再編成しようとする動きでもある。

・これにより、充実した自治体経営基盤をもち、住民・コミュニティ組織やNPO等と協働し、新しい公共空間を形成する基礎的自治体を創ることが可能となる。基礎的自治体が電子自治体や男女共同参画社会の形成などこれからの基礎的自治体に求められる新しい役割を真に果たすことができるものとなることを期待する。

(2)基礎的自治体における自治組織(住民自治の強化の観点から)

・基礎的自治体には、このような自治体経営の観点と並んで住民自治の観点が重要であることはいうまでもない。この点については、一般的に基礎的自治体が規模拡大することを踏まえて、基礎的自治体内部における住民自治を確保する方策として内部団体(法人格を持つものとするかどうかについては要検討)としての性格を持つ自治組織を基礎的自治体の判断で必要に応じて設置することができるような途を開くことを検討する必要がある。

・特に、市町村合併によって形成された新しい基礎的自治体においては、旧市町村単位に創設される自治組織について検討を進める必要がある。

これについては、現行の合併特例法における地域の意見を反映させる仕組みである地域審議会の制度に加え、新たな制度を検討する必要がある。

・このような自治組織の制度を創設することにより、基礎的自治体を自治体経営の単位と構成しつつ、当該地域の住民が自らの発意と負担で地域を主体的に運営していくことができるのではないか。このような自治組織についても、住民や様々なコミュニティ組織、NPO等と協働できるものとしていく必要がある。

(3)分権の担い手にふさわしい規模の基礎的自治体に再編されなかった地域

・上記(1)のような基礎的自治体を形成していくためには、先に述べたように市町村合併を関係者の真摯な勢力によって推進していくべきである。

しかしながら、平成一七年三月の合併特例法の期限までに、目指すべき規模の基礎的自治体に再編成されなかった地域が残る可能性もあり、これをどのように取り扱うかということが問題となる。

・このような地域については、後述するように、まず、平成一七年四月以降、一定の期間、現行の合併特例法と異なる手法によってさらに強力に市町村合併を推進し、目指すべき基礎的自治体への再編成を図るべきである。

その後、それでも再編成されなかった地域については、例外的な取扱いを考える必要がある。

・具体的には、現在、市町村に対して法令で義務付けられている事務の全部又は一部を目指すべき規模の基礎的自治体に再編成されなかった団体、すなわち小規模な団体、には義務付けないこととし、別の行政主体に当該事務を義務付けることを検討するという選択肢が考えられる。

これにより、法令による事務の義務付けのほとんどすべてから解放された団体については、当該区域の住民の選択と負担により自治を運営する途を開くという選択肢もあるのではないか。

・現在、中山間地域は、森林の水源涵養機能や食糧自給の機能等の重要な役割を果たしている。しかしながら、上記のような小規模な団体に、このような地域を支え維持する役割を単独で担うことを求め続けることは、団体の現況や今後の少子高齢化の動向を踏まえれば、現実的な選択とは言い難いのではないか。

むしろ、都道府県や再編された上記（1）のような基礎的自治体にこの役割を果たすよう事務配分することの方が現実的ではないか。

（3）今後の目指すべき基礎的自治体の具体的イメージ

・以上のような議論を踏まえると、今後の基礎的自治体のあるべき姿として、自治体経営の観点から、一定の規模・能力が必要である。これを、例えば、現在の市が処理している事務を処理できる程度のものとしてはどうか。

・人口については、市並みの事務を処理し権限を行使することを目指し、例えば人口〇〇未満の団体を解消することを目標とすべきではないか。後述するように、これを実現する方策として、いくつかの選択肢がありうるのではないか（下記4参照）。
・なお、人口要件の他に考慮すべき要素があるかどうかについては、検討する必要があるのではないか。
・仮にこのような方向で、基礎的自治体の再編成が進むとすれば、現行の市町村の要件についても見直しを検討する必要があるのではないか。

4　合併特例法期限後の基礎的自治体の再編成のあり方

・上記3を前提とするならば、現行の合併特例法期限後の基礎的自治体の再編成については、次のような進め方を検討すべきではないか。

（1）さらなる合併の強力な推進

・平成一七年四月以降も分権の担い手にふさわしい規模能力を有する基礎的自治体が国土の大半をできる限りカバーすることができるような体制を目指すこととする。
このため、現行の合併特例法の失効後は、同法と異なる発想の下に、一定期間さらに強力に合併を推進することとする。具体的には、合併によって解消すべき市町村の人口規模（例えば人口〇〇）を法律上明示し、都道府県や国が当該人口規模未満の市町村の解消を目指して財政支援策によらず合併を推進する方策をとるものとする。

（2）一定期間経過後のあり方

・上記（1）の期間が経過した後、それでも合併に至らなかった一定の人口規模未満の団体について、下記アにより対応する案、下記イにより対応する案、又は下記ア、イ両方により対応する案などを検討する必要があるのではないか。
なお、合併特例法期限内に合併した市町村で、合併後人口が上記の一定規模に満たない市町村に対しては、一定期間、このような対応を猶予する措置が必要である。

ア　事務配分特例方式

・一定の人口規模未満の団体について、これまでの町村制度とは異なる特例的な制度を創設することとする。
・例えば人口△△未満の団体は、申請により下記のような団体に移行することができるものとする。

さらに、例えば人口△△未満のうち人口○○未満の団体は、これに移行するか、他の団体と合併するかを一定期間までに選択しなければならないものとする。

・この団体は、法令による義務付けのない自治事務を一般的に処理するほか、窓口サービス等通常の基礎的自治体に法令上義務付けられた事務の一部を処理するものとする。通常の基礎的自治体に義務付けられた事務のうち当該団体に義務付けられなかった事務については、都道府県に当該事務の処理を義務付けるものとする。これにより、都道府県はいわば垂直補完をすることとなる。

・都道府県は当該事務を処理する責任を有するが、その事務を近隣の基礎的自治体に委託するか、広域連合により処理するか、直轄で処理するかを選択するものとする。

・組織や職員等については、事務の軽減に伴い、極力簡素化を図ることとする。例えば、長と議会（又は町村総会）を置くものとするが、議員は原則として無給とすることなどを検討する。また、助役、収入役、教育委員会、農業委員会などは置かないことを検討する。

イ　内部団体移行方式（包括的団体移行方式）

・例えば人口××未満の団体は、他の基礎的自治体への編入によりいわば水平補完されることとする。名称は、旧町村のままとすることも可能とし、一定期間までにこの編入先の基礎的自治体の内部団体に移行するものとする。編入先の選択については、当該市町村の意見を聴いて、都道府県知事が当該都道府県議会の議決を経て決定する。

この結果、編入先の基礎的自治体は、複数の旧市町村を包括した連合的な団体となる。

・当該内部団体の事務については、原則として法令による義務付けをなくし、その属する基礎的自治体の条例により定めることとする。

・当該内部団体の組織については、大幅に簡素化し、その属する基礎的自治体の条例により定めることとする。

・当該内部団体の財源については、その属する基礎的自治体からの移転財源を除き、当該内部団体に属する住民の負担によって運営することとする。

（3）旧市町村単位の自治組織

・上記（1）において、合併市町村の内部組織として旧市町村単位の自治組織を設置する場合には、当該自治組織のあり方によっては、旧市町村が連合して新しい都市を形成するいわば連合都市の形態をとることとなる。

・上記（2）アのうち、一定の人口規模未満の団体が合併を選択した場合において、旧市町村単位の自治組織を設置するときにも、上記（1）と同様、当該自治組織のあり方によっては、いわば連合都市の形態をとることとなる。

・上記（2）イの一定の人口規模未満の団体が他の基礎的自治体に編入される場合には、当該団体の意思に関わらず当然に他の基礎的自治体に編入されることとなるため、法人格を有する内部団体として位置付けることが適当ではないか。

・上記（1）及び（2）アの合併市町村内の団体が

法人格を有するかどうかについては、検討を要する。

・この組織は、その属する基礎的自治体の条例により、処理する事務や組織を定めることを基本とし、その属する基礎的自治体からの移転財源を除き、当該内部団体に属する住民の負担によって運営することとする。

（本稿は二〇〇二年十二月二〇日、岐阜県多治見市で行った講演『構造改革時代の手続的公正と第二次分権改革～手続的公正の心理学から～』の記録に一部補筆したものです。）

刊行にあたって

地方分権の推進、少子高齢社会の進展、地場産業の不振、市民ニーズが複雑かつ多様化している中で、市政に求められている役割は、非常に大きくなっています。一方、現在の経済状況や地方交付税の減少などにより、財政状況は非常に厳しいものとなっています。

多治見市では、このような市政を取り巻く厳しい環境のもとで、その解決策、最善策を探るべく、課題となっている分野の研究者や先進的に実践している方々をお招きし、講演会を開催しています。また、その内容を多くの関係者の方々に共有していただきたく、ブックレットとしてまとめ、今まで三冊程出版しています。

地域の問題は自分たちの問題として、自ら考え行動していくためには、市民参加の市政運営が必要であり、市の意思決定の内容及び過程を明らかにすることや市民の権利利益を保護するための「情報公開制度」や「行政手続制度」といった「しくみ」が非常に大切であると考えています。

こうした考えから、今回、鈴木庸夫先生をお招きし、「構造改革時代の手続的公正と第二次分権改革～手続的公正の心理学から～」をテーマに講演会を開催しましたが、これまでと同様に公人の友社から出版したい旨の申し出を受け、ブックレットとして4回目の出版がなされることとなりました。この冊子が自治関係者の方々や市民の皆さんに多くの「きっかけ」を与えることを願っています。

多治見市としては、今後も、講演会を通じ、諸課題に対していかに取り組んでいくかの糸口を探求していきたいと思っており、その内容をいくつか出版していきたいと考えていますので、多くの読者の方々からのご意見・ご感想をいただければ幸いです。

平成十五年三月二十日

多治見市長　西寺　雅也

著者紹介

鈴木　庸夫（すずきつねお）

千葉大学法経学部教授。

一九四七年生まれ。

一橋大学大学院法学研究科博士課程修了。千葉大学教養部助教授、一九九七年シドニー大学名誉客員教授（同年十月まで）、千葉大学法経学部助教授を経て、現職。

主な著書に『テキストブック行政法』（共著、有斐閣）、『「政策法務」とはいったい何か』（共著、公人の友社）、『「シンポジウム「行政手続条例」」』（共著、公人の友社）、『改正地方自治法とアカウンタビリティ』（公人の友社）、『行政紛争処理の法理と課題』（共著・法学書院）など。

TAJIMI CITY Booklet No.4
構造改革時代の手続的公正と第２次分権改革　～手続的公正の心理学から～

２００３年４月２０日　初版発行　　　定価（本体１，０００円＋税）

著　者　　鈴木　庸夫
企　画　　多治見市人事秘書課
発行人　　武内　英晴
発行所　　公人の友社
〒112-0002　東京都文京区小石川５－２６－８
ＴＥＬ０３－３８１１－５７０１
ＦＡＸ０３－３８１１－５７９５
振替　００１４０－９－３７７７３
メールアドレス　koujin@alpha.ocn.ne.jp